BEI GRIN MACHT SICH IHR WISSEN BEZAHLT

- Wir veröffentlichen Ihre Hausarbeit, Bachelor- und Masterarbeit

- Ihr eigenes eBook und Buch - weltweit in allen wichtigen Shops

- Verdienen Sie an jedem Verkauf

Jetzt bei www.GRIN.com hochladen und kostenlos publizieren

Bibliografische Information der Deutschen Nationalbibliothek:

Die Deutsche Bibliothek verzeichnet diese Publikation in der Deutschen Nationalbibliografie; detaillierte bibliografische Daten sind im Internet über http://dnb.d-nb.de/ abrufbar.

Dieses Werk sowie alle darin enthaltenen einzelnen Beiträge und Abbildungen sind urheberrechtlich geschützt. Jede Verwertung, die nicht ausdrücklich vom Urheberrechtsschutz zugelassen ist, bedarf der vorherigen Zustimmung des Verlages. Das gilt insbesondere für Vervielfältigungen, Bearbeitungen, Übersetzungen, Mikroverfilmungen, Auswertungen durch Datenbanken und für die Einspeicherung und Verarbeitung in elektronische Systeme. Alle Rechte, auch die des auszugsweisen Nachdrucks, der fotomechanischen Wiedergabe (einschließlich Mikrokopie) sowie der Auswertung durch Datenbanken oder ähnliche Einrichtungen, vorbehalten.

Impressum:

Copyright © 2018 GRIN Verlag
Druck und Bindung: Books on Demand GmbH, Norderstedt Germany
ISBN: 9783668929821

Dieses Buch bei GRIN:

https://www.grin.com/document/463891

Stefan Eckei

Aggression. Soziologische Thesen und biologische Theorie zur Entstehung von Aggression

GRIN Verlag

GRIN - Your knowledge has value

Der GRIN Verlag publiziert seit 1998 wissenschaftliche Arbeiten von Studenten, Hochschullehrern und anderen Akademikern als eBook und gedrucktes Buch. Die Verlagswebsite www.grin.com ist die ideale Plattform zur Veröffentlichung von Hausarbeiten, Abschlussarbeiten, wissenschaftlichen Aufsätzen, Dissertationen und Fachbüchern.

Besuchen Sie uns im Internet:

http://www.grin.com/

http://www.facebook.com/grincom

http://www.twitter.com/grin_com

Kurzreferat zur Präsentation Aggression

Modulprüfung 4.3

an der Ev. Hochschule Rheinland-Westfalen-Lippe in Bochum

im Studiengang BA Soziale Arbeit

Herne, 15.02.2017

Inhaltsverzeichnis

1. Definition Aggression
   1.1. Was ist Aggressivität?
   1.2. Konstellative Faktoren
2. Soziologischen Thesen zur Aggression
   2.1. Frustrations-Aggressions-Hypothese nach Dollard
   2.2. Trieb- oder Hydrauliktheorie nach K. Lorenz
   2.3. Sündenbock Hypothese
   2.4. Lernpsychologische Theorie von A. Bandura und H. Selg
   2.5. Theorie Erregungstransfer
3. Biologische Theorie zur Entstehung von Aggression
4. Formen der Aggression
5. Fazit / Bedeutung für die Soziale Arbeit
6. Literaturverzeichnis

1. Was ist eigentlich Aggression?

Im Lexikon wird Aggression als affektbedingtes Angriffsverhalten des Menschen bezeichnet, als völkerrechtswidrige Angriffshandlung eines Staates oder als gegen einen Rivalen gerichtete Angriffshandlung bei Tieren.
Übersetzt bedeutet das lateinische „aggredi" aber nur herangehen, in Angriff nehmen, hat also eine durchaus auch positive Bedeutung.

Definition von Aggression bzw. Aggressivität:
Petermann und Petermann (1985) definieren Aggression als das "Verhalten, das darauf ausgerichtet ist, jemanden anderen direkt oder indirekt zu schädigen" (S. 3). "Von aggressivem Verhalten", so betonen sie, "sollte aber nur gesprochen werden, wenn eine zielgerichtete Schädigung erfolgt" (S. 6).
Aggression wird in der Psychologie als physisches oder verbales Verhalten mit der Absicht zu verletzen oder zu zerstören verstanden. Die Verhaltensforschung unterscheidet zwischen Aggression und Aggressivität Aggression bedeutet Angriff auf ein anderes Lebewesen, Aggressivität ist die Bereitschaft zu kämpfen.

Die Diskussion über menschliche Aggressivität wird von Kontoversen beherrscht, die es sinnvoll erscheinen lassen bekannte Standpunkte über die Aggression darzustellen.

1.1. Und was ist Aggressivität?
Aggressivität ist die Grundlage der Aggression, dabei kann sie aus verschiedensten Gefühlen bestehen, denn meistens spielen mehrere Faktoren zusammen. Ärger, Zorn, Wut, Gereiztheit und oft auch Hass sind genauso Auslöser wie Neid und Eifersucht. Sogar von anderen als Kleinigkeiten empfundene Dinge wie ein Verstoß gegen die guten Sittenkönnen bei einem Menschen Aggressionen erzeugen. Dabei darf aber nicht vergessen werden, dass Aggression immer aus Aggressivität entsteht, dass aber längst nicht jede Aggressivität Gewalt hervorruft. Vielmehr wird diese, wie beim Tragen einer Maske, oft hinter betonter Freundlichkeit versteckt. So kann es vorkommen, dass Feldherren, die für den Tod von mehreren tausend Menschen verantwortlich sind, doch als Kunstliebhaber und ausgesprochen feingeistige Charaktere beschrieben werden, zum Beispiel Offiziere im zweiten Weltkrieg. (K. Scherer: Der aggressive Mensch)

1.2. Konstellative Faktoren

Die Konstellativen Faktoren beeinflussen Theorie unabhängig das entstehen bzw. nicht entstehen Aggressionen.

Dabei gibt es drei übergeordnete Faktoren Felder:

- Die Reziprozitätsnorm: Diese besagt, dass derjenige der Opfer einer Gewalttat geworden ist, dass Recht hat ebenfalls Gewalt gegen diese Person auszuüben. Dies geht zurück auf das biblische Talionsprinzip → Auge um Auge und Zahn um Zahn
- Der Gruppendruck: Gerade der Gruppendruck bringt in Bezug auf Aggressionen und ihrer Entstehung eine große Dynamik in die Sache. So kann man jedes Mal, wenn sich die G8/G9 Statten treffen beobachten, wie zum einen gewalttätige Gruppen die Lage eskalieren lassen und auch Leute von dieser Dynamik mitgerissen werden die vorher gar nicht geplant hatten Steine zu werfen und zum anderen wie friedliche Gruppen von Menschen durch ihre Aktionen andere davon abhalten ihr aggressives Verhalten auszuleben.
- Umgebungseinflüsse: Das Wissen darum, dass Umgebungseinflüsse sowohl positiv als negativ auf die Entstehung von Aggressionen Einfluss haben ist wohl keine neue Erkenntnis. Jeden Sommer kann man beobachten wie Hitze in Verbindung mit Menschenansammlungen aus noch so friedlichen Menschen Gewalt bereite Individuen macht.

2. Soziologischen Thesen zur Entstehung von Aggression

Es gibt verschieden Thesen zu der Entstehung von Aggression. Im Rahmen dieser Präsentation kann aber nur auf die wesentlichen und relevantesten Thesen eingegangen werden.

2.1. Frustrations-Aggressions-Hypothese

Durch die Frustrations-Aggressions-Hypothese, mit der sich Dollard et al. (1994) auch stark auf Sigmund Freud's psychologische Forschungen beziehen, wird der Versuch einer Erklärung des Auftretens von Aggressionen bei Individuen unternommen. Basis bildet die These: „Aggression ist immer die Folge einer Frustration." „ ...und umgekehrt führt die Existenz einer Frustration immer zu irgendeiner Form von Aggression." (Dollard et al.: 1994, S. 9). Mit dieser aus damaliger[1] und heutiger Sicht kühnen These[2] vermuten die Autoren, dass alle alltägliche Formen der Aggression immer auf irgendeiner frustrierenden Situation respektive Erfahrung basieren.

Diese These sieht die Entstehung der Aggression als Folge von Frustration, das heißt, die Nichterfüllung einer Hoffnung macht uns aggressiv. Aber nicht jeder reagiert gleich aggressiv, wenn er enttäuscht ist. Dies wird mit der so genannten Frustrationstoleranz erklärt, die bei manchen Menschen, aber auch bei ganzen Völkern im Vergleich höher liegt als bei anderen. Allgemein gilt: Wut, Ärger oder Angst erhöhen zwar die Bereitschaft zu aggressiven Handlungen, aber nicht jeder Frust erzeugt gleich Gewalt.

2.2. Die Trieb- oder Hydrauliktheorie von K. Lorenz

K. Lorenz sieht die Aggression als Instinkt, der unter normalen Bedingungen bei Tieren lebens- und arterhaltend wirkt, beim Menschen jedoch eine verderbliche Wirkung hat. Seine Theorie besagt, dass die Aggression aus einem Menschen hervorbricht, ohne dass eine äußere Ursache erkennbar ist. Er ist der Ansicht, dass Wut und Hass sich immer wieder im Menschen aufladen, wird kein Ventil gefunden, platzt die Seele wie ein überhitzter Dampfkessel. Der Mensch sucht nach Ersatzauswegen und findet diese in Gewalttaten, Krieg, etc. Das Ausleben der Angriffslust dient der Aufrechterhaltung der psychischen und physischen Gesundheit des Menschen. Man spricht vom Dampfkessel der Aggressivität. Diese Theorie ist zwar weit verbreitet und wird gerne akzeptiert, weil nicht der Mensch schuld ist, es liegt ja in seiner Natur, die Aggression wäre somit eine unausrottbare Geißel der Menschheit. In der Psychologie aber ist dies weitgehend widerlegt und wird von vielen Forschern sogar für gefährlich gehalten, da sie jede Gewalt als Laune der Natur rechtfertigt. (vgl. Lorenz, K.,1963)

Generell haben die meisten Verhaltensforscher heute Zweifel an einer rein typologisch bzw. rein umweltbedingten Erklärung, da mehrere Faktoren zusammenspielen.

2.3. Die Sündenbock Theorie

Verantwortlich" für den Begriff des Sündenbocks sind die Hebräer: Am Jom Kippur (jüdischer Feiertag) legte der Hohepriester einem zufällig gewählten Bock bzw. einer Geiß die Hände auf und trug dabei die Sünden des Volkes vor. Dadurch wurden die Sünden und Untaten des Volkes auf diesen Bock übertragen; er wurde anschließend in die Wüste gejagt, und die Gemeinde war von allen Sünden befreit. Diesen Bock nannte man Sündenbock.

Heute stellt sich die Frage welche sozialen Gruppen werden zu Sündenböcken; wie äußert sich dies; sind Vorurteile die Voraussetzung oder die Folge? In erster Linie baut die Sündenbocktheorie auf der eingangs vorgestellten Frustrations- Aggressions-Hypothese von Dollard et al. und der Verwendung des Freudschen Abwehrmechanismus der Verschiebung auf. Dieser greift, wenn man den Verursacher der Frustration nicht „erreichen" kann oder dieser zu mächtig ist. Wie soll sich beispielsweise ein kleines Kind gegen einen Lehrer wehren, der es vor der Klasse demütigt? Was passiert bei Arbeitslosigkeit - gegen wen soll der Entlassene und Frustrierte seinen Zorn richten - der Wirtschaftsminister oder der Kapitalismus als Wirtschaftssystem sind wenig oder meist gar nicht greifbar, im letzten Fall sogar ein abstraktes Gebilde. Allport (1971) bezeichnet sie als psychologische Minderheiten, zu den er unter anderem Immigranten, regionale Gruppen, Berufe, Farbige und Angehörige bestimmter Religionen zählt. In allen Fällen ziehen diese Gruppen unschuldig die Aggression auf sich. Da sie beständig überall vorhanden sind, kann man ihnen als Gruppe ein Stereotyp geben und ihnen einen endgültigen Platz anweisen." (Allport: 1971, S. 253) Aronson (1994) formuliert es ähnlich: „Das allgemeine Bild des Sündenbock-Phänomens kommt dadurch zustande, dass Individuen ihre Aggressionen auf Gruppen lenken, die unbeliebt, leicht erkennbar und relativ machtlos sind." (Aronson: 1994, S. 326)

2.4. Die Theorie vom Erregungstransfer

Nach Tannebaum und Zilmann besteht die Theorie vom Erregungstransfer aus Elementen der verschiedenen Ansätze. Da jeder Mensch anders ist, können unterschiedliche Faktoren ein Umkippen der Gefühlslage bewirken, denn gleichgültig ob der Mensch Freude, Glück, Wut oder Trauer empfindet, dieses erregt das

Nervensystem, so dass diese Gefühle in Aggression umkippen können. Das bedeutet, dass jede empfunden Emotion auch eine Gratwanderung ist

2.5. Die Lernpsychologische Theorie von A. Bandura und H. Selg.

Gelernt wird, wie man mit dem aufkommenden Aggressionstrieb umgeht, erlernte Bewältigungsmuster bestimmen Umgang mit unangenehmen Emotionen. Wer bei seinen Eltern in frühester Kindheit erfährt, dass diese bei Problemen gleich die Nerven verlieren und aggressiv werden, empfindet dies als normal und wird sich als Erwachsener mit hoher Wahrscheinlichkeit genauso verhalten. Genauso werden Kinder, die bei ihren Eltern gesehen haben, dass diese ruhig reagieren und nach Auswegen suchen, nicht selbst zum Spielball ihrer Aggressionen, sondern können sich vernünftig und sachgerecht verhalten. Gerade in der Kindheit wird der Umgang mit Aggressionen durch die zu erwartenden Konsequenzen beeinflusst. Das Ausleben destruktiver Impulse wird durch äußere und innere Kontrollmechanismen verstärkt oder gehemmt.

Wenn Aggression aber gelernt wird, wie jedes andere Verhalten auch, so besteht die Möglichkeit des aggressionsfreien Menschen in einer eben solchen Gesellschaft.

3. Biologische Theorie für die Entstehung von Aggression

Für die Entstehung von Aggression ist ein Teil des Hirns wesentlich verantwortlich, der Hypothalamus. Dieser gehört zum so genannten alten Teil unseres Hirns, den wir mit den meisten Tieren gemeinsam haben. Durch die Anbringung von Mikroelektroden am Hypothalamus erzeugte Reizungen führten bei Versuchstieren zu Aggressionen. Zerstörende Eingriffe in bestimmte Teile des Hypothalamus führten dagegen zu einer deutlichen Abnahme aggressiver Verhaltensweisen, bewirkten aber auch den völligen Verlust der emotionalen Reaktionsfähigkeit. Ebenfalls maßgeblich beteiligt an der Entstehung von Aggression ist die Hirnrinde. Wurde sie entfernt, zeigten die Versuchsobjekte kürzere, aber auch unkontrollierbare Aggressionen. Forscher sind sich nicht sicher, ob Aggression als Krankheit bezeichnet werden kann, die biologisch gebräuchliche Definition von Aggression ist „Abweichung von der Norm".

„…Recent studies using more precise functional manipulation tools in mice have identified the ventrolateral part of the ventromedial hypothalamus (VMHvl), a small subnucleus in the medial hypothalamus, as a key region to drive inter-male aggression (Table 1). Silencing this area abolishes naturally occurring inter-male attack whereas optogenetic activation of the VMHvl but not its surrounding regions promotes the attack of suboptimal targets, including females and inanimate objects"(Lin et al., 2011)

4. Formen der Aggression

Es gibt nicht "die" Aggression oder "die" Aggressivität. Man kann und muß verschiedene Formen unterscheiden. Nach äußerlich-formaler Einteilung gibt es offene und verdeckte Aggressionen, direkte und indirekte Aggressionen (z.B. üble Nachrede), Einzel- und Gruppenaggressionen (bis hin zum Krieg), Selbst- und Fremdaggressionen. Inhaltlich-motivational kann man trennen: positive und negative Aggressionen; expressive (affektbegleitete), feindselige (die Schaden und Schmerz des Opfers will) und instrumentelle Aggressionen (das sind solche Aggressionen, die ein bestimmtes Ziel, z.B. Geldgewinn, anstreben; eine Schädigung eines Opfers wird primär nicht angestrebt, aber um des Erfolges willen in Kauf genommen). Von ernster Aggression ist v.a. bei Kindern die spielerische Aggression zu trennen.(Essay H.Selg.www.spektrum.de/lexikon/psychologie/aggression/337)

Formen der Aggression sind:

a. offene, physische Form (gegenüber Lebewesen): Schlagen, Töten, körperliches Bedrohen, autoaggressiv (gegen sich selbst gerichtet)
b. offene, physische Form (gegenüber unbelebten Objekten): bewusste Verunreinigung, bewusste nachlässige Behandlung von Gegenständen, Sachbeschädigung (u. a. Vandalismus) und Zerstörung von Gegenständen,
c. offene, verbale oder nonverbale Form: Beleidigen, Spotten, Gesten und mimische Ausdrucksweisen, Schreien, rohe und bewusst vulgäre Sprachstile und Umgangsformen,
d. verdeckte Form: Phantasien,
e. indirekte Form: Sachbeschädigung (von Gegenständen der Person(en), gegen die sich die Aggression richtet), üble Nachrede, Mobbing, Schikanen, Barrieren errichten,

f. emotionale Form: als Folge von Stress, Ärger, Wut, Groll, Hass, Neid.

Weiter gefasst bezeichnet Aggression ein Arbeiten, ein Wetteifern oder ein selbstbewusstes Auftreten als eine wesentliche Form des „In-Angriff-Nehmens". Diese Handlungsweisen haben im Vergleich mit der engeren Definition nichts mit einer Schädigung oder Verletzung zu tun.

5. Fazit & Bedeutung für die Soziale Arbeit

Ist aggressives Verhalten (Bandura), einmal erlernt oder hat der Klient eine Disposition zur Aggression, so ist es sehr schwierig diesen Kreislauf zu durchbrechen. Es verlangt von dem Sozialarbeiter/innen eine hohe Sensibilität und einen langen Atem.

Aber auch die Einsicht, dass es Formen der Aggression gibt, die man mit noch so viel Engagement und Professionalität nicht in den Griff bekommt kann für einen professionellen Umgang mit der betreffenden Person oder Gruppe und dem eigenen Selbstverständnis hilfreich sein. Gerade im Jugendschutz Bereich sollten sowohl Eltern als auch Kindern mehr Maßnahmen angeboten werden, die helfen Strategien im Umgang mit Aggression zu entwickeln.

Eine wichtige Rolle spielt hierbei das durchführen einer gründlichen sozialen Anamnese, um die Ursachen der Aggression des Klienten/Gruppe besser zu verstehen und so bessere Strategien und Konzepte zu entwickeln.

Der Wunsch nach einer aggressionsfreien Gesellschaft wird sicher noch viele Generationen beschäftigen.

Aggression ist nicht nur ein Phänomen unserer Zeit, aber gerade im Zeichen steigender und immer hemmungsloserer Aggressionen unter z.B.: Jugendlichen (Tod eines 15jährigen bei einer Schlägerei in der Essener Innenstadt), Autofahren, Fußballanhängern (sog. BvB Fans bewerfen Fans von RB Leipzig, darunter Familien mit Kindern usw.) stellt besondere Herausforderungen an die Soziale Arbeit.

Mehr Sozial Arbeiter_innen & bessere Angebote!
So sollten zum Beispiel mehr professionelle Fanbetreuer schon im Vorfeld eingesetzt werden. Mehr qualifizierte Angebote für Kinder/Jugendliche sollten geschaffen werden. Schulungen im Umgang mit Aggressionen, Konflikttrainings, Erarbeitung von neuen

Konzepten unter Berücksichtigung aktueller Forschungen sollten auf der Agenda der Themen ganz oben stehen.

Es gibt aber auch ganz praktische Erkenntnisse:

Ist aggressives Verhalten wie Bandura sagt, einmal erlernt, so ist es sehr schwierig diesen Kreislauf zu durchbrechen. Es verlangt von dem Sozialarbeiter/innen eine hohe Sensibilität und einen langen Atem. Eine wichtige Rolle spielt hierbei das durchführen einer gründlichen sozialen Anamnese, um die Ursachen der Aggression des Klienten/Gruppe besser zu verstehen und so bessere Strategien und Konzepte entwickeln zu können.

Egal, ob es nur negative oder auch positive Seiten gibt, der Wunsch nach einer aggressionsfreien Gesellschaft wird sicher noch viele Generationen beschäftigen.

Hand-Out Aggression

1. Definition Aggression

- "Verhalten, das darauf ausgerichtet ist, jemanden anderen direkt oder indirekt zu schädigen" (Petermann und Petermann.1985)
- Aggression (lat. aggressio = Angriff) bezeichnet Verhalten das:

Schaden anrichtet (unabhängig ob Personen- oder Sachschäden)
Absichtlich erfolgt (willentlich und mit Vorsatz)
von der sozialen Norm abweicht (darf nicht als normal eingestuft werden)

1.1. Was ist Aggressivität?

Mit Aggressivität wird eine feste [Charakter]eigenschaft bezeichnet, die einen Menschen, ein Tier oder eine bestimmte Sache (z.b. ein Spiel) auszeichnet

(+ -) konnotiert

- Kampfhunde zeichnen sich durch gesteigerte Aggressivität aus.
- Das Fußballspiel war von einem hohen Maß an Aggressivität geprägt.

1.2. Konstellative Faktoren

Es gibt verschiedene Faktoren, die die Entstehung von aggressivem Verhalten - Theorie unabhängig - beeinflussen:

Reziprozitätsnorm, Gruppendruck und Umgebungseinflüsse:
Auge um Auge Prinzip, Demonstrationen, Flüchtlingsunterkünfte, Schulklassen, Wohngruppen Hitze, Lärm, räumliche Enge, viele Menschen

2. Soziologischen Thesen zur Aggression

➢ Frustrations-Aggressions-Hypothese nach Dollard

Entstehung der Aggression als Folge von Frustration
Frustrationstoleranz→ erklärt warum bei manchen Menschen/ganzen Völkern Aggression im Vergleich höher liegt als bei anderen

➢ Trieb- oder Hydrauliktheorie nach K. Lorenz
Die Aggression als Instinkt (Unterschied Tier/Mensch)

Der sog. Dampfkessel der Aggressivität dient der Aufrechterhaltung der psychischen und physischen Gesundheit des Menschen

Hohe Akzeptanz, weil nicht der Mensch schuld ist, es liegt ja in seiner Natur

➢ Sündenbock These

Erklärungsversuch für die Stigmatisierung bzw. Projektion/Übertragung von Aggressionen gegenüber benachteiligten/schwachen Gruppen und für kollektiv ausgeübte Gewalt.

➢ Theorie des Erregungstransfers

Empfindungen und Gefühle erregen das Nervensystem, so dass diese Gefühle in Aggression umkippen können.

Jede empfundene Emotion ist auch eine Gratwanderung (Schachter)

Menschen Verhalten sich aggressiver, wenn sie vorher gereizt wurden

➢ Lernpsychologische Theorie von Bandura und Selg

Umgang mit Aggressionstrieb wird gelernt

Erlernte Bewältigungsmuster bestimmen Umgang mit unangenehmen Emotionen

3. Biologische Theorie zur Entstehung von Aggression

Neuere Forschungen haben einen bestimmten Nukleus innerhalb des Hypothalamus, als Schlüsselregion der Aggression identifiziert. Dieser Bereich kann durch elektrische Reize stimuliert werden.

4. Formen der Aggression

➢ offene, physische Form (gegenüber Lebewesen)

➢ offene, physische Form (gegenüber unbelebten Objekten)

➢ offene, verbale oder nonverbale Form

➢ verdeckte Form

➢ indirekte Form

Literaturverzeichnis

Allport, Gordon W. (1968): Treibjagd auf Sündenböcke. Bad Nauheim: Christian Verlag.

Allport, Gordon W. (1971): Die Natur des Vorurteils. Köln: Kiepenheuer & Witsch

Aronson, Elliot (1994): Sozialpsychologie: menschliches Verhalten und gesellschaftlicher Einfluß. Heidelberg, Berlin, Oxford: Spektrum Akademischer Verlag.

Bandura, A. (1979). Sozial-kognitive Lerntheorie. Stuttgart: Klett-Cotta.

Bettelheim, Bruno / Janowitz, Morris (1964): Social Change and Prejudice, Including Dynamics of Prejudice. New York: Free Press of Glencoe.

Billig, Michael (1976): Social Psychology and Intergroup Relations. London: Academic Press.

Dollard, J. / Doob, L.W. / Miller, N.E. / Mowrer, O.H. / Sears, R.R. (1994): Frustration und Aggression. Weinheim: Beltz Psychologie Verlags Union.

Eibl-Eibesfeldt, I., Das verbindende Erbe, Köln 1991 aus: Thema Gewalt, 3. Auflage, Stuttgart 1994

Eibl-Eibesfeldt, I., Krieg und Frieden aus der Sicht der Verhaltensforschung, München 1975

Fischer, Lorenz / Wiswede, Günter (1997): Grundlagen der Sozialpsychologie. München, Wien: Oldenbourg.

Hacker, F., Aggression, Die Brutalisierung der modernen Welt, Wien-München-Zürich 1971

Hauser, Richard (1999): Der Sündenbock. Köln: Zentrum für Gruppenstudien und Gemeinwesenarbeit e.V.

Kals, H., Versetz Dich mal in seine Lage, Wie man mit Aggressionen fertig wird, Basel-Wien 1985

Lorenz, K. (1963). Das sogenannte Böse. Wien: Borotha-Schoeler.

Meyers Lexikon in drei Bänden, LexiROM, Microsoft 1995

Petermann, F. & Petermann, U. (1978). Training mit aggressiven Kindern. München: Urban & Schwarzenberg.

Reinhold, Gerd (Hrsg.) (1997): Soziologie-Lexikon. München, Wien: Oldenbourg

Scherer, K. R., Der aggressive Mensch, Ursachen der Aggression in unserer Gesellschaft, Königsstein/Ts. 1979

Schäfer, Bernd (1978): Sozialpsychologie des Vorurteils. Stuttgart, Berlin, Köln: Kohlhammer.

Schwind, H.-D. & Baumann, J. (Hrsg.) (1990). Ursachen, Prävention und Kontrolle von Gewalt. Berlin: Duncker & Humblot.

Stroebe, Wolfgang (Hrsg.) (1996): Sozialpsychologie: eine Einführung. Berlin, Heidelberg ... (u.a.): Springer-Verlag.

www.spektrum.de/lexikon/psychologie/aggression/337

Zeltner, E., Kinder schlagen zurück, Jugendgewalt und ihre Ursachen, Berlin 1993

BEI GRIN MACHT SICH IHR WISSEN BEZAHLT

- Wir veröffentlichen Ihre Hausarbeit, Bachelor- und Masterarbeit

- Ihr eigenes eBook und Buch - weltweit in allen wichtigen Shops

- Verdienen Sie an jedem Verkauf

Jetzt bei www.GRIN.com hochladen und kostenlos publizieren